BEI GRIN MACHT SICH IHR WISSEN BEZAHLT

- Wir veröffentlichen Ihre Hausarbeit,
  Bachelor- und Masterarbeit

- Ihr eigenes eBook und Buch -
  weltweit in allen wichtigen Shops

- Verdienen Sie an jedem Verkauf

Jetzt bei www.GRIN.com hochladen und kostenlos publizieren

Evelyn Fast

Theorien und Modelle von Autorschaft

Eine kurze Diskussion des Autorschaftsmodells auf Basis der Theorieansätze von W. Kayser und W.C. Booth

GRIN Verlag

Bibliografische Information der Deutschen Nationalbibliothek:

Die Deutsche Bibliothek verzeichnet diese Publikation in der Deutschen National-bibliografie; detaillierte bibliografische Daten sind im Internet über http://dnb.d-nb.de/ abrufbar.

Impressum:

Copyright © 2002 GRIN Verlag GmbH
Druck und Bindung: Books on Demand GmbH, Norderstedt Germany
ISBN: 978-3-638-76235-9

GRIN - Your knowledge has value

Der GRIN Verlag publiziert seit 1998 wissenschaftliche Arbeiten von Studenten, Hochschullehrern und anderen Akademikern als eBook und gedrucktes Buch. Die Verlagswebsite www.grin.com ist die ideale Plattform zur Veröffentlichung von Hausarbeiten, Abschlussarbeiten, wissenschaftlichen Aufsätzen, Dissertationen und Fachbüchern.

Besuchen Sie uns im Internet:

http://www.grin.com/

http://www.facebook.com/grincom

http://www.twitter.com/grin_com

Proseminar:
Theorien und Modelle von Autorschaft
SS 2002

Take – Home – Clausur

Theorien und Modelle

von Autorschaft

Evelyn Fast
4.Sem. MA, Germansitik, Medienwissenschaft,
Erziehungswissenschaft

Inhaltsverzeichnis

I. Texte zur Theorie der Autorschaft

1.1 Wolfgang Kayser: Wer erzählt den Roman?

Wolfgang Kayser (1906-1960) beschäftigt sich in seinem Text "Wer erzählt den Roman?" mit eben dieser Frage nach dem Erzähler eines Romans. Er stellt in seinem Text einige Thesen auf, beginnend mit der These: Ein Erzähler ist in allen Werken der Erzählkunst vorhanden, im Epos wie im Märchen, in der Novelle wie in der Anekdote. Daraufhin erschließt sich Kaysers zweite These: Ein Erzähler ist nie der Autor, sondern eine Rolle, die der Autor erfindet und einnimmt. In den fiktionalen Texten der Erzählkunst spricht der Autor also nicht als er selbst, sondern überlässt dem Rollen-Ich eines Erzählers das Wort. An dieser Stelle bringt er das Beispiel des Vaters und der Mutter ein, die wissen, dass sie sich verwandeln müssen, wenn sie ihren Kindern ein Märchen erzählen wollen. Sie müssen ihre überlegene und aufgeklärte Position des Erwachsenen ablegen und sich "in ein Wesen verwandeln, für das die dichterische Welt mit ihren Wunderbarkeiten Wirklichkeit ist."[1] Der Erzähler ist überzeugt von dem Wahrheitsgehalt der Geschichten die er erzählt, auch wenn es vielleicht Lügenmärchen sind. Ein Autor dagegen kann nicht lügen, sondern bloß gut oder schlecht schreiben. Die Funktion des Autors wird dadurch in einer wichtigen Hinsicht eingeschränkt. Die Behauptungen des Erzählers können nicht mehr als direkte Aussprache der Autormeinung verstanden werden. Als Sprecherinstanz fiktionaler Texte erscheint vielmehr die Figur eines fiktiven, vom Autor imaginierten Erzählers. Autor und Erzähler kommunizieren demgemäß auf verschiedene Weise mit dem Leser. Der Erzähler sagt etwas, während der Autor etwas ausdrückt. Deutlich wird die Behauptung, der Erzähler sei eine gedichtete Person, in die sich der Autor verwandelt hat, an Melvilles Roman "Moby Dick". Die Hauptfigur der Erzählung ist ein einfacher primitiver Seemann mit dem Namen Ishmael. Doch dieser Mann weiß Dinge, die er als einfacher Seemann nicht wissen kann. Er kennt sich in den Naturwissenschaften und in der Geschichte aus, er hat Rabelais, Locke, Kant und Goethe gelesen. An einer Stelle im Roman zählt er Leute auf, die über Cetologie und die Wissenschaft vom Wal geschrieben haben. „Nennen wir nur schnell einige wenige: die Verfasser der Bibel, Aristoteles, Plinius; Aldrovandi, Sir Thomas Browne, Gesner, Ray, Linné, Rondetelius, Willoughby, Green

---

[1] Kayser, S.127

[...]" [2]. Zudem berichtet er über heimlich geführte Gespräche anderer Leute und weiß über die inneren Selbstgespräche und Gedanken des Kapitäns Bescheid. Das bedeutet, dass sich der Autor in die von ihm erdichtete Person verwandelt hat. Der einfache Seemann hat nun das Wissen, über das der Autor verfügt.

Weiterhin ist Kayser der Meinung, dass die Grenzen zwischen Ich-Form und Er-Form schwinden, da die Leichtigkeit mit der ein Ich-Erzähler sich zwischen seinem Erzählerstandpunkt und dem erzählten hin und her bewegt, auch den Er-Erzähler kennzeichnet. Auch kann der Erzähler zugleich an zwei Orten sein oder sogar in zwei Zeitordnungen leben.

Eine weitere These die Kayser aufstellt ist, dass der Erzähler allwissend ist. Einem normalen Menschen ist es nicht möglich, die Gedanken und Gefühle des anderen zu lesen. Er kann die Gedanken und Gefühle höchstens durch die Worte und Gebärden des anderen erfahren. Der Erzähler dagegen weiß um die Gedanken und Gefühle jeder einzelnen Person in der Erzählung, er kann in die Zukunft und Vergangenheit sehen. Er ist allwissend.

Abschließend kommt Kayser zu der Ansicht, dass sich eine neue Sicht des Erzählers aufgedrängt hat: "die zum allwissenden und allgegenwärtigen Gott" [3]. Er sagt, dass der Erzähler des Romans nicht der Autor ist, aber auch nicht die gedichtete Gestalt die dem Leser entgegentritt, sondern das hinter dieser Maske der Roman steht, der sich selber erzählt. "Der Erzähler des Romans , in einer Analogie verdeutlicht, ist der mythische Weltschöpfer."[4] Er spricht von einem Geist der Erzählung, der luftig, körperlos und allgegenwärtig ist.

---

[2] Melville, S.178
[3] Kayser, S.135
[4] Kayser, S.135

1.2 Wayne C. Booth: Der implizite Autor

Der implizite Autor bezeichnet eine Instanz, die sich sowohl vom realen Autor des Werkes als auch vom fiktiven Erzähler unterscheidet. Der Begriff wird auch als zweites Selbst und als Bild des Autors im Text personifiziert. In Booths nicht immer konsistenten Begriffsbestimmungen erscheint der implizite Autor in der Regel als Textimplikat. Der implizite Autor wird dabei fast ununterscheidbar von der Gesamtbedeutung des Textes. Nach Booth macht sich der Leser immer ein Bild vom impliziten Autor, das sich aus der Art des Schreibens, den enthaltenen Werten und den verborgenen Bekenntnissen zusammensetzt. Der implizite Autor wird als das Bild des realen Autors beschrieben, insoweit es aus dem Text zu erschließen ist. Damit unterstellt Booth, dass die textimmanente Instanz des impliziten Autors unabhängig von der textexternen Instanz des realen Autors bestimmt werden könne. Auch muss der implizite Autor für Booth stets „moralisch integer" [5] sein – selbst wenn es der reale Autor nicht wäre. Wenn ein Autor schreibt, schafft er eine implizierte Version seiner Selbst, die den Gesamteindruck des vorliegenden Werkes beeinflusst, sich aber von allen anderen impliziten Autoren unterscheidet. Alle Werke eines Schriftstellers enthalten verschiedene Versionen von ihm, d.h der Autor nimmt die Züge an, die sein jeweiliges Werk erfordert.

Als Beispiel dient Henry Fielding mit seinen Werken „Jonathan Wild", „Amelia", „Joseph Andrews", „Tom Jones" oder „Shamela". In allen diesen Werken sind Ähnlichkeiten vorhanden. „Jeder dort implizierte Autor legt Wert auf Güte und Großmut; jeder hält selbstsüchtige Brutalität für beklagenswert" [6]. Doch wenn sich der Leser die einzelnen Romane genauer ansieht, kann er eine große Vielfalt darin entdecken. Während in den Werken „Tom Jones" und „Joseph Andrews" eine große Unbekümmertheit und Heiterkeit vorherrscht, ist hiervon in „Amelia" nicht viel zu sehen. Der Eindruck vom implizierten Autor schließt den moralischen und emotionalen Gehalt jeder kleinsten Handlung und Erfahrung jeder einzelnen Romanfigur mit ein, d.h „er impliziert das intuitive Erfassen eines vollständigen künstlerischen Ganzen" [7].

---

[5] Booth, S. 140
[6] Booth, S. 144
[7] Booth, S.146

Eine weitere These in Booth´s Text "Der implizite Autor" besagt, der implizite Autor sei der Kern von Normen und Entscheidungen. Hierzu führt er drei Begriffe ein, die manchmal verwendet werden, um den implizierten Autor zu benennen: ´Stil`, ´Ton` und ´Technik`. Mit ´Stil` ist das gemeint ,was dem Leser das Gefühl gibt, der Autor "blicke tiefer und urteile hintergründiger als die von ihm vorgestellten Personen" [8]. Den Begriff ´Ton` verwendet er mit Bezug auf die implizite Wertung, die der Autor hinter seiner expliziten Darstellung vermittelt. Es werden vielleicht einige Aspekte des impliziten Autors aus den Veränderungen des Tons deutlich, doch werden die wesentlichen Eigenheiten aus den konkreten Fakten von Charakter und Handlung in der Erzählung erkennbar. Der letzte der drei Begriffe ist ´Technik` und ist in ähnlicher Weise "auf alle erkennbaren Hinweise für das künstlerische Wirken des Autors ausgeweitet worden"[9]. Was der Leser liest, wird bewusst oder unbewusst vom implizierten Autor bestimmt, er scheint als die „ideale, literarische, gestaltete Version des wirklichen Menschen"[10]. Booth betont, dass der Autor von seinem implizierten Bild unterschieden werden muss. In der Unterscheidung zwischen Autor und impliziertem Autor entsteht ein Mittelweg in der Diskussion über Objektivität, Subjektivität und Neutralität des Autors in seinem Werk. Als Beispiel dient an diesem Punkt Shakespeare, von dem gesagt wird, dass er sich nicht in seine Werke hineindrängt, aber dennoch Werte einfließen lässt, zu denen er sich entschieden und offen bekennt. Da es sich hierbei jedoch größtenteils nicht um persönliche, subjektive Werte handelt ist somit auch keine Subjektivität von Seiten Shakespeares zu erkennen. Es ist aber in jedem Fall ein Verstoß gegen die wahre Neutralität, denn der implizierte Shakespeare „setzt sich intensiv mit dem Leben auseinander, und er hält mit seinem Urteil über Selbstsucht, Torheit und Grausamkeit nicht zurück"[11]. Dies bestätigt Booth´s These, dass Neutralität unmöglich ist. Eine letzte These Booth´s besagt, der implizierte Autor könne eine variable Distanz zum Leser halten, welche eine geistige, eine moralische oder eine ästhetische sein kann. Abschließend stellt er fest, dass das Werk umso besser ist, je geringer die Distanz zwischen den grundlegenden Normen des impliziten Autors und den Normen des Lesers ist.

---

[8] Booth, S.147
[9] ders. S.147
[10] ders. S.148
[11] ders. S.159

II. Modell kollektiver Autorschaft: Grond Absolut Homer

1.1 Was versteht Walter Grond unter einem „transindividuellen Roman"?

Der transindividuelle Roman wird von mehreren Autoren erzählt. Er wird von einem Ich- Erzähler getragen, „der sich als wandernder aus vielen Erzählern speist"[12]. In seinen Überlegungen zum transindividuellen Roman schwebt Grond „ein Modell der Vielstimmigkeit als schwebendes Gedächtnis"[13] vor. Er denkt hierbei an einen Text, geschrieben von mehreren Autoren als eine Art Staffellauf. Im transindividuellen Roman gibt es einen Ich-Erzähler, der androgyn ist, ohne dass die Widersprüche der Geschlechter aufgehoben werden. Nach Beschäftigung mit Ergebnissen von Harold Bloom versteht Grond die Frage nach dem Erzähler selbst als eine verspätete und sieht diese Verspätetheit als Strukturelement des transindividuellen Romans. Er verfolgt die Idee der Verspätetheit weiter und stößt auf den Begriff der Abwehr, die er als strukturbildendes Merkmal der Verspätetheit charakterisiert. Hieraus zieht er den Schluss, dass der transindividuelle Roman aus Abwehr geschrieben wird, die sich auf den Erzähler als das Zentrum des Romans richtet. Beim Schreiben des transindividuellen Romans werden die Grenzen des biographischen Phantasmas aufgesucht, der transindividuelle Roman ist genealogisches Spiel, welcher fordert, dass Biographien diesem Spiel der Kräfte und der Erzählung freigegeben werden. Grond betont an dieser Stelle, dass dieses Spiel Abwehren herausfordert, er muss von vielen wie von einem geschrieben werden. Der Name Homer meint Mehrstimmigkeit, d.h „kontrapunktorisches Erzählen eines Chors"[14]. Dieser Erzähler ist gleichzeitig viele und je einer für sich. Grond spricht von diesem Erzähler als von jemandem der im Dunkeln bleibt, aber auch ans Licht führt. Er sagt: „Er schwebt im Dunkeln wie im Licht"[15].

---

[12] Grond, S.146
[13] ders. S.146
[14] ders. S.147
[15] ders. S.147

Gronds Überlegungen wenden sich dem Ich zu, dass erzählt. Dieses Ich ist in diesem Fall „der Ethnograph, der um die Welt reist, weil er den Auftrag dazu erhält"[16]. Das Ich will den Untergang der Welt nicht wahrhaben, deshalb muss es irren. Ich ist die Vielfalt des Erzählten, ohne ihn gibt es keine Landschaft, kein Ereignis und keine Reflexion. Dieses Ich schreibt die Weltreise aus „der Krise des radikalen Selbstbezuges"[17] heraus. Der Ich-Erzähler schildert die Weltreise in Form eines Tagebuches „im strikten Sinn des Wortes"[18]. In dem speziellen Roman der Odyssee spielt der Schlaf eine wichtige Rolle. Er ist ein Wunderschlaf. In ihm wird das erzählende Ich dem nachfolgenden Autor übergeben, „der Schlaf ist das Scharnier, mit dem die Geschichte weitergerückt wird. Im Schlaf ruht und rumort das Phantasma des transindividuellen Romans, er kennzeichnet die Vielstimmigkeit als kommunikatives Experiment wie als Gefahr, verrückt zu werden. Der Roman auf der medientechnischen Höhe dieser Jahrtausendwende ist auch Spiegel des Wahnsinns."[19] Abschließend beschreibt Grond den transindividuellen Roman als „ein Spiel mit Namen von Autoren, die die Fiktion der einen Geschichte überschreiten"[20]. Den einen Autor gibt es nicht mehr, er wurde zum Verschwinden gebracht und stiftet den Namen des Romans, der da heißt: Grond.

---

[16] Grond, S.151
[17] ders. S.157
[18] ders. S.157
[19] ders. S.162
[20] ders. S.163

2.2 Diskussion des Autorschaftsmodells von „Grond Absolut Homer" aus der Sicht einiger Thesen der Theorieansätze von W. Kayser und W.C. Booth

Bei Betrachtung des Autorschaftsmodells von „Grond. Absolut Homer" im Vergleich zu den Thesen von Wolfgang Kayser und Wayne C. Booth lässt sich feststellen, dass es einige Übereinstimmungen gibt.

Kayser fragt in seinem Text „Wer erzählt den Roman?" ebenso wie Grond nach dem Erzähler im Roman. Bei Beschäftigung mit dieser Frage kommt Kayser zu einem ersten Ergebnis, dass der Erzähler nie der Autor ist, sondern eine Rolle, die der Autor erfindet und schließlich einnimmt. Er beschreibt dies mit dem Beispiel des Märchens. Der Erwachsene muss sich in ein Wesen verwandeln für das die Welt des zauberhaften und wunderbaren real ist. Ähnlich wie bei Kayser beschreibt auch Grond dieses Hineinschlüpfen in eine Rolle. „Ich übergab mich den Stimmen, schlüpfte in die Haut anderer, durchtränkte sie mit mir und erstattete sie zurück"[21]. Doch nicht nur an dieser Stelle kann man die These von Kayser auf Gronds Konzept übertragen, auch der Roman allgemein ist darauf aufgebaut. Grond ist zwar nicht der alleinige Autor des Romans „Absolut Homer", doch als Initiator bestimmt er die Idee zu diesem Roman und teilt seinen Autoren im weiteren Sinne Rollen zu, in die sie hineinschlüpfen und aus ihnen heraus schreiben. An einer anderen Stelle schreibt Kayser, dass die Erzählhaltung im Epos, im Märchen und in der Novelle vorgeschrieben ist, wogegen der im 18. Jh. entstandene moderne Roman eine Fülle von neuen Möglichkeiten erlaubt.[22] Dies bestätigt Grond mit seinem Projekt, indem er eine völlig neue Art des Schreibens in Form des transindividuellen Romans schafft. Mehrere Autoren schreiben in unterschiedlicher Art und Weise einen gemeinsamen Roman. Hieran anzuschließen ist eine weitere These Kaysers, die besagt, die variable Art des Erzählens sei der wichtigste Wesenszug des Romans, welche wiederum durch Gronds Konzept bestätigt wird. Allen Autoren ist freigestellt, wie sie ihre Aufgabe bewältigen und gestalten.

Wolfgang Kayser kommt zu dem Schluss, dass der Autor allwissend ist. Er weiß um die Gedanken und Gefühle anderer, kann in die Zukunft und in die Vergangenheit sehen. Das allwissend kann auch mit „viele Perspektiven" gleichgesetzt werden, das heißt unter diesem Gesichtspunkt finden wir den allwissenden Erzähler auch bei

---

[21] Grond, S.144
[22] vgl. Kayser, S.127

Grond. Viele Autoren haben viele Perspektiven, die sich in einem Ich-Erzähler vereinigen. Hinzu kommt, dass dieser Ich-Erzähler androgyn ist, „ohne dass die Widersprüche der Geschlechter aufgehoben werden"[23].

Auch von der Theorie Wayne C. Booths lassen sich Anknüpfungspunkte zum Autorschaftsmodell Gronds herstellen. Booth erstellt die These, der schaffende Autor könne seine Individualität nicht vollständig außer acht lassen. Er erschafft eine implizite Version von sich, die sich von allen anderen impliziten Autoren unterscheidet.

Bei Grond gibt es mehrere schaffende Autoren, die jeder von sich eine implizite Version erschaffen, welche sich von der, der anderen Autoren unterscheidet. So macht sich der Leser ein Bild vom impliziten Autor, welches sich aus der Art des Schreibens, den enthaltenen Werten und den verborgenen Bekenntnissen zusammensetzt. Demnach beeinflusst das Bild des impliziten Autors auch bei Grond den Gesamteindruck von dem vorliegenden Werk.

Weiterhin stellt Booth in seinem Text die These auf, der implizite Autor sei der Kern von Normen und die Summe seiner Entscheidungen. Er sei " eine ideale, literarische, gestaltete Version des wirklichen Menschen"[24]. Dieses lässt sich ebenfalls bei Grond feststellen. Er gebraucht unter anderem in diesem Zusammenhang das Wort Abwehr. Eine Abwehr, die sich auf das Zentrum des Romans, also auf den Erzähler richtet.

W. Booth vertritt die These, dass auch im Falle der scheinbaren Abwesenheit eines Erzählers, keine (wert-) neutralen künstlerischen Darstellungen möglich sind, da jedes dichterische Werk die Normen seines impliziten Autors ausdrückt. Demzufolge ist der implizite Autor bei Grond nicht neutral. Es werden Normen und Wertvorstellungen in das Werk mit eingebracht. Wichtig ist für Booth ebenfalls, dass der reale Autor von seinem implizierten Bild unterschieden werden muss, da nur so sinnlose, nicht beweisbare Aussagen über Eigenheiten des Autors vermieden werden können. So muss auch bei Grond zwischen implizierter Version des Autors und realem Autor unterschieden werden. Gronds Konzept geht in seinen Überlegungen über das Ich etwas über das Konzept von Booth und Kayser hinaus, indem er alles in diesem Ich vereinigt. „Ich ist die Stimmen, ist die Vielfalt des Erzählten"[25]. Die Landschaft, Ereignisse und Reflexionen sind Erlebnis des Erzählers, ohne ihn gäbe es keine Landschaft, kein Ereignis und auch keine Reflexion.

---

[23] Grond, S.147
[24] Booth, S.148
[25] Grond, S.153

III. Literaturverzeichnis

Grond, Walter: Stimmen, Literaturverlag Droschl, 1992

Booth, Wayne.C: Der implizite Autor. In: Texte zur Theorie der Autorschaft. Hg. V. Fotis Jannidis. Phillipp Reclam jun. GmbH & Co., Stuttgart 200. S.139-152

Melville, Herman: Moby Dick, München: Winkler Verlag 1964

Kayser, Wolfgang: Wer erzählt den Roman. In: Texte zur Theorie der Autorschaft. Hg. v. Fotis Jannidis. Phillipp Reclam jun. GmbH & Co., Stuttgart 2000. S.124-137